Impressum
Verlag: BABADADA GmbH, Nedderfeld 112 , 22529 Hamburg
Geschäftsführer / Verlags eitung: Harald Hof
Druck: Books on Demand GmbH, In de Tarpen 42, 22848 Norderstedt

Imprint
Publisher: BABADADA GmbH, Nedderfeld 112 , 22529 Hamburg, Germany
Managing Director / Publishing direction: Harald Hof
Print: Books on Demand GmbH, In de Tarpen 42, 22848 Norderstedt

בית ספר

škola

כיתה
učiona
חילק
deliti
186/2
školsko dvorište
לוח
ploča
מורה
nastavnik
נייר
papir
כתב
pisati
עט
hemijska olovka
שולחן עבודה
pisaći stol
סרגל
lenjir
ספר
knjiga
תלמיד
učenik

ילקוט

torba

קלמר

pernica

עיפרון

grafitna olovka

מחדד

šiljilo za olovke

גומי מחיקה

gumica za brisanje

חוברת סרטוט

blok za crtanje

סרטוט

crtež

מברשת

kist

קופסת צבעים

kutija sa bojama

מספריים

makaze

דבק

lepilo

ספר תרגול

beležnica

שיעור בית

domaći zadatak

12

מספר

broj

2+2

חיבר

sabirati

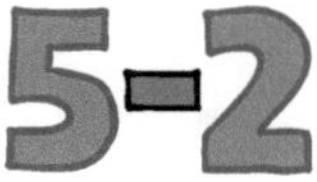

5-2

חיסר

oduzimati

2×2

הכפיל

množiti

חישב

računati

A

אות

slovo

ABCDEFG
HIJKLMN
OPQRSTU
VWXYZ

אלפבית

abeceda

hello

מילה

reč

טקסט
tekst

קרא
čitati

גיר
kreda

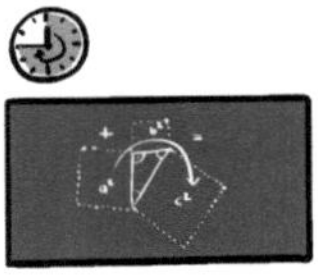

שיעור
čas

יומן נוכחות
dnevnik

מבחן
ispit

תעודה
svedočanstvo

תלבושת בית ספר
školska uniforma

חינוך
obrazovanje

אנציקלופדיה
leksikon

אוניברסיטה
univerzitet

מיקרוסקופ
mikroskop

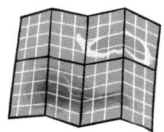

מפה
karta

סל נייר
košara za papir

נסיעה

putovanje

מלון
hotel
הוסטל
prenoćište
המרת מטבע
menjačnica
מזוודה
kofer
אוטו
auto

שפה

jezik

כן / לא

da / ne

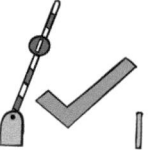

בסדר

okej

שלום

zdravo

מתרגם

prevodilac

תודה

hvala

כמה עולה.....?

Koliko košta...?

אני לא מבין

ne razumem

בעיה

problem

ערב טוב!

dobro veče!

בוקר טוב!

Dobro jutro!

לילה טוב!

Laku noć!

להתראות

doviđenja

כיוון

smer

כבודה

prtljaga

תיק

torba

תרמיל גב

ruksak

אורח

gost

חדר

soba

שק שינה

vreća za spavanje

אוהל

šator

מרכז מידע לתיירים

turističke informacije

חוף ים

plaža

כרטיס אשראי

kreditna kartica

ארוחת בוקר

doručak

ארוחת צהריים

ručak

ארוחת ערב

večera

כרטיס

karta za vožnju

מעלית

lift

בול

poštanska markica

גבול

granica

מכס

carina

שגרירות

ambasada

אשרה

viza

דרכון

pasoš

תחבורה
transport

מטוס
avion
אונייה
brod
כבאית
vatrogasno vozilo
אוטובוס
autobus
משאית
teretno vozilo
סירת מנוע
motorni čamac
אופניים
bicikl
אוטו
auto

מעבורת
trajekt

סירה
čamac

אופנוע
motocikl

ניידת משטרה
policijski auto

מכונית מרוץ
trkaći auto

רכב שכור
iznajmljeno auto

מכוניות בשיתוף

delenje automobila

אוטו גרר

vučno vozilo

משאית זבל

vozilo za odvoz smeća

מנוע

motor

דלק

benzin

תחנת דלק

benzinska stanica

תמרור

saobraćajni znak

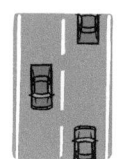

תנועה

saobraćaj

פקק תנועה

zastoj

חניה

parkiralište

תחנת רכבת

železnička stanica

פסי רכבת

šine

רכבת

voz

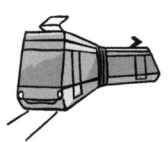

רכבת קלה

tramvaj

קרון

vagon

מסוק

helikopter

שדה-תעופה

aerodrom

מגדל

kula

נוסע

putnik

קונטיינר

kontejner

קרטון

karton

עגלה

kolica

סל

korpa

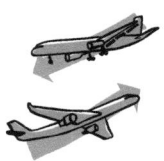

המראה / נחיתה

uzleteti / sleteti

עיר
grad

כפר

selo

מרכז העיר

centar grada

בית

kuća

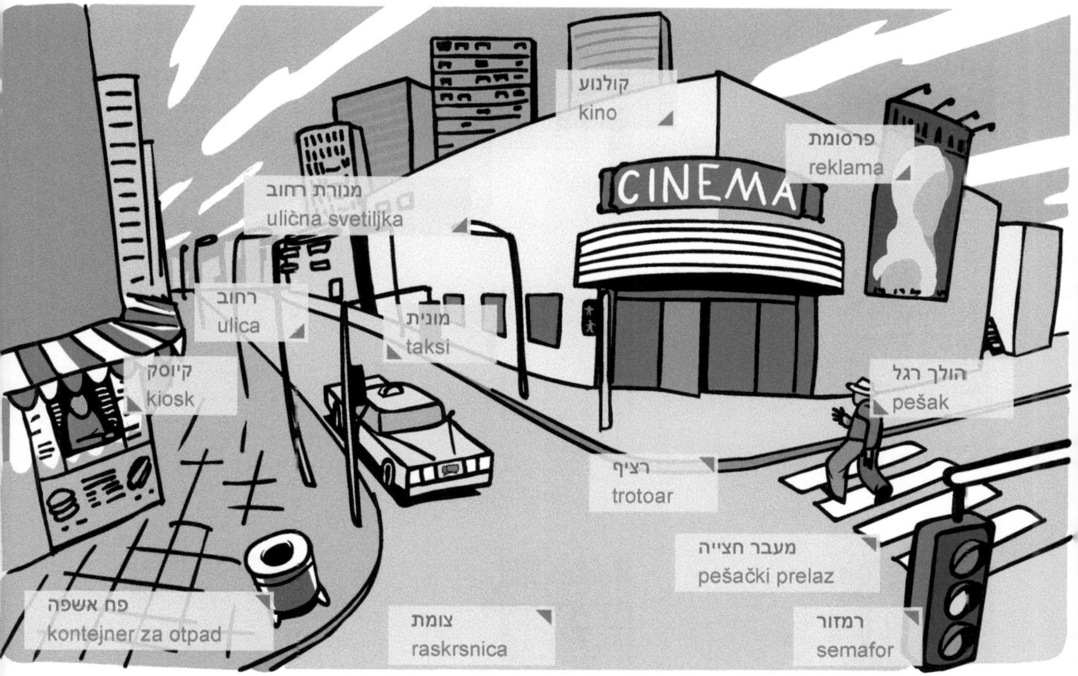

קולנוע
kino

פרסומת
reklama

מנורת רחוב
ulična svetiljka

CINEMA

רחוב
ulica

מונית
taksi

קיוסק
kiosk

הולך רגל
pešak

רציף
trotoar

מעבר חצייה
pešački prelaz

פח אשפה
kontejner za otpad

צומת
raskrsnica

רמזור
semafor

בקתה
koliba

דירה
stan

תחנת רכבת
železnička stanica

עירייה
većnica

מוזיאון
muzej

בית ספר
škola

אוניברסיטה

univerzitet

בנק

banka

בית חולים

bolnica

מלון

hotel

בית מרקחת

apoteka

משרד

kancelarija

חנות ספרים

knjižara

חנות

prodavnica

חנות פרחים

cvećara

סופרמרקט

supermarket

שוק

trg

כל-בו

robna kuća

מוכר דגים

ribarnica

קניון

trgovački centar

נמל

luka

פארק

park

ספסל

klupa

גשר

most

מדרגות

stepenice

רכבת תחתית

podzemna železnica

מנהרה

tunel

תחנת אוטובוס

autobuska stanica

בר

bar

מסעדה

restoran

תא דואר

poštansko sanduče

שלט רחוב

ulični znak

מדחן

parkirni automat

גן חיות

zoološki vrt

בריכת שחיה

bazen

מסגד

džamija

חווה

seosko gazdinstvo

זיהום

zagađenje okoline

בית עלמין

groblje

כנסייה

crkva

מגרש משחקים

igralište

בית מקדש

hram

נוף
pejsaž

עלה
list
תמרור
putokaz
דרך
put
מרעה
livada
אבן
kamen
מטייל
šetač
עץ
drvo
נהר
reka
דשא
trava
פרח
cvijet

בקעה
dolina

הר
planina

אגם
jezero

יער
šuma

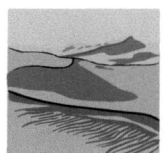

מדבר
pustinja

הר געש
vulkan

טירה
dvorac

קשת בענן
duga

פטריה
gljiva

דקל
palma

יתוש
moskito

זבוב
muva

נמלה
mrav

דבורה
pčela

עכביש
pauk

חיפושית

buba

צפרדע

žaba

סנאי

veverica

קיפוד

jež

ארנב

zec

ינשוף

sova

ציפור

ptica

ברבור

labud

חזיר בר

divlja svinja

צבי

jelen

אייל הקורא

los

סכר

nasip

טורבינת רוח

vetrenjača

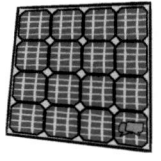

פנל סולארי

solarna ploča

אקלים

klima

מסעדה

restoran

מלצר
konobar
תפריט
jelovnik
כסא
stolica
מרק
supa
פיצה
pica
מפת שולחן
stolnjak
סכו"ם
pribor za jelo

מנת פתיחה

predjelo

מנה עיקרית

glavno jelo

קינוח

desert

שתיות

napitci

אוכל

jelo

בקבוק

flaša

מזון מהיר

brza hrana

אוכל רחוב

imbis hrana

קנקן תה

čajnik

מסכרת

doza za šećer

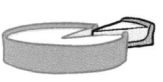

מנה

porcija

מכונת אספרסו

aparat za espresso

כסא תינוק

visoka stolica

חשבון

račun

מגש

poslužavnik

סכין

nož

מזלג

viljuška

כף

kašika

כפית

čajna kašika

מפית

salveta

כוס

čaša

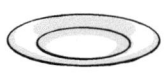

צלחת

tanjir

קערת מרק

tanjir za supu

תחתית

tanjirić

רוטב

sos

מלחייה

soljenka

מטחנת פלפל

mlin za biber

חומץ

sirće

שמן

ulje

תבלינים

začini

קטשופ

kečap

חרדל

senf

מיונז

majoneza

סופרמרקט
supermarket

מבצע
ponuda
FOR
לקוח
kupac
מוצרי חלב
mlečni proizvodi
פירות
voće
עגלת קניות
kolica za kupovinu

אטליז
mesnica

מאפייה
pekara

שקל
vagati

ירקות
povrće

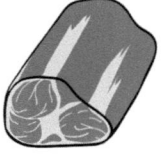

בשר
meso

מזון קפוא
smrznuta hrana

בשר קר

narezak

שימורים

konzerve

אבקת כביסה

sredstvo za pranje

ממתקים

slatkiši

מוצרי בית

artikli za domaćinstvo

חומר ניקוי

sredstva za čišćenje

מוכרת

prodavačica

קופה

blagajna

קופאי

blagajnik

רשימת קניות

lista za kupovinu

שעות פתיחה

vreme rada

ארנק

novčanik

כרטיס אשראי

kreditna kartica

תיק

torba

שקית נילון

plastična kesa

שתיות

napitci

מים

voda

מיץ

sok

חלב

mleko

קולה

kola

יין

vino

בירה

pivo

אלכוהול

alkohol

קקאו

kakao

תה

čaj

קפה

kava

אספרסו

espresso

קפוצ'ינו

cappuccino

אוכל
jelo

בננה

banana

תפוח

jabuka

תפוז

narandža

אבטיח

lubenica

לימון

limun

גזר

šargarepa

שום

beli luk

במבוק

bambus

בצל

luk

פטריות

gljiva

אגוזים

orašasti plodovi

אטריות

rezanci

ספגטי

špagete

אורז

riža

סלט

salata

צ'יפס

pomfrit

צ'יפס

pečeni krumpir

פיצה

pica

המבורגר

hamburger

כריך

sendvič

שניצל

šnicla

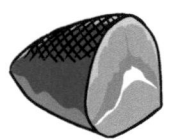

שינקין

šunka

סלאמי

salama

נקניקיה

kobasica

עוף

kokoš

טיגון

pečenje

דג

riba

שיבולת שועל

zobene pahuljice

מוזלי

musli

קורנפלקס

kukuruzne pahuljice

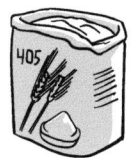

קמח

brašno

קרואסון

kroasan

לחמנייה

pecivo

לחם

hleb

טוסט

toast

עוגיות

keksi

חמאה

maslac

גבינה לבנה

sveži sir

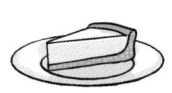

עוגה

kolač

ביצה

jaje

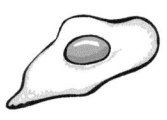

ביצת עין

jaje na oko

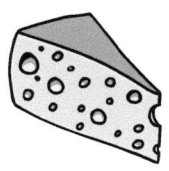

גבינה

sir

דבש

med

סוכר

šećer

גלידה

sladoled

קארי

kari

ממרח נוגט

nugat krema

ריבה

marmelada

חווה

seosko gazdinstvo

seoska kuća
אסם
ambar
חבילת שחת
bale sena
שדה
polje
סוס
konj
עגלת נגרר
prikolica
טרקטור
traktor
סייח
ždrebe
חמור
magarac
כבש
ovca
טלה
lane

עז

koza

פרה

krava

עגל

tele

חזיר

svinja

חזרזיר

prase

שור

bik

אווז

guska

ברווז

patka

אפרוח

pilići

תרנגולת

kokoš

תרנגול

petao

חולדה

pacov

חתול

mačka

עכבר

miš

שור

vol

כלב

pas

מלונה

kućica za psa

צינור השקיה

vrtno crevo

קנקן מים

kanta za polivanje

חרמש

kosa

מחרשה

plug

מגל

srp

מגרפה

motika

קלשון

viljuška za đubrivo

גרזן

sekira

מריצה

tačke

שוקת

korito

כד חלב

posuda za mleko

שק

vreća

גדר

ograda

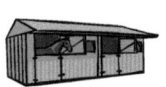

אורווה

štala

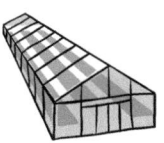

חממה

staklenik

אדמה

zemlja

זרע

seme

דשן

đubrivo

מקצרה

kombajn

קצר

žeti

קציר

žetva

בטטה אפריקנית

jams začin

חיטה

pšenica

סויה

soja

תפוח אדמה

krumpir

תירס

kukuruz

קנולה

uljana repica

עץ פירות

voćka

קסבה

gomolj manioke

דגנים

žitarice

בית
kuća

ארובה
dimnjak
גג
krov
מרזב
žleb
חלון
prozor
מוסך
garaža
פעמון
zvono
דלת
vrata
פח אשפה
korpa za otpad
תיבת מכתבים
poštansko sanduče
גינה
vrt

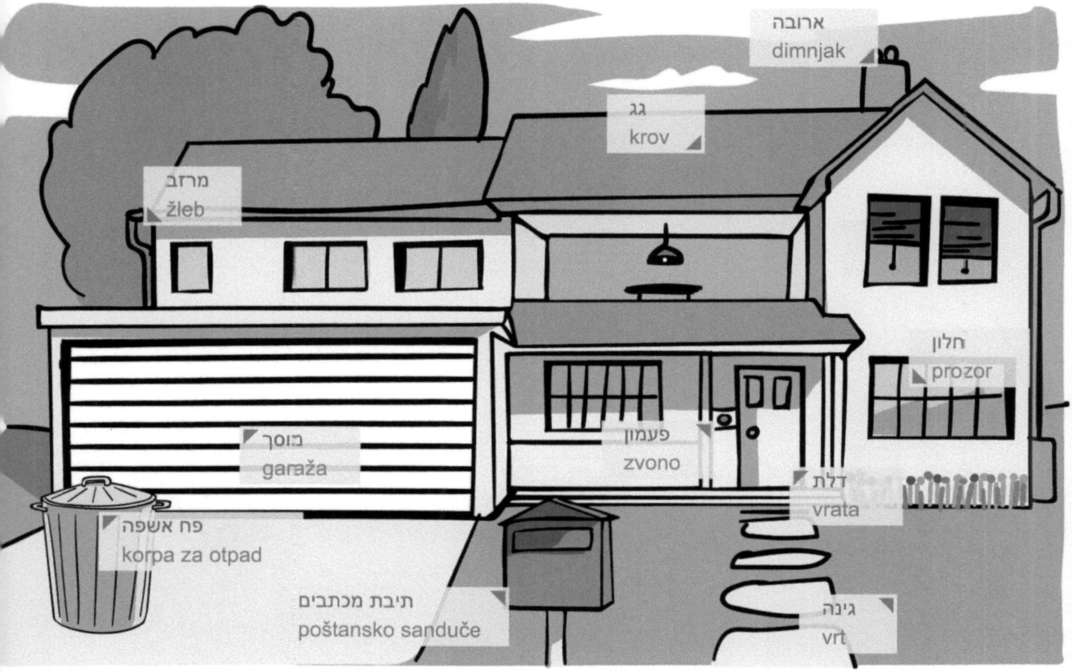

סלון

dnevna soba

חדר אמבטיה

kupaonica

מטבח

kuhinja

חדר שינה

spavaća soba

חדר ילדים

dečija soba

חדר אוכל

trpezarija

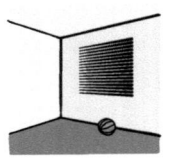

רצפה
pod

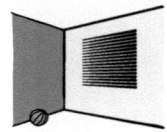

קיר
zid

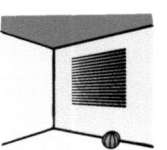

תקרה
strop

מרתף
podrum

סאונה
sauna

מרפסת
balkon

מרפסת
terasa

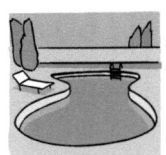

בריכה
bazen

מכסחת דשא
kosilica za travu

סדין
posteljina za krevet

כיסוי מיטה
deka za krevet

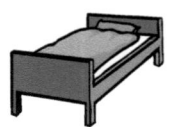

מיטה
krevet

מטאטא
metla

דלי
kanta

מפסק
prekidač

סלון
dnevna soba

טפט
tapeta
תמונה
slika
מנורה
svetiljka
מדף
regal
ארון
ormar
טלוויזיה
televizija
אח
kamin
פרח
cvijet
כרית
jastuk
ספה
kauč
אגרטל
vaza
שלט רחוק
daljinski upravljač

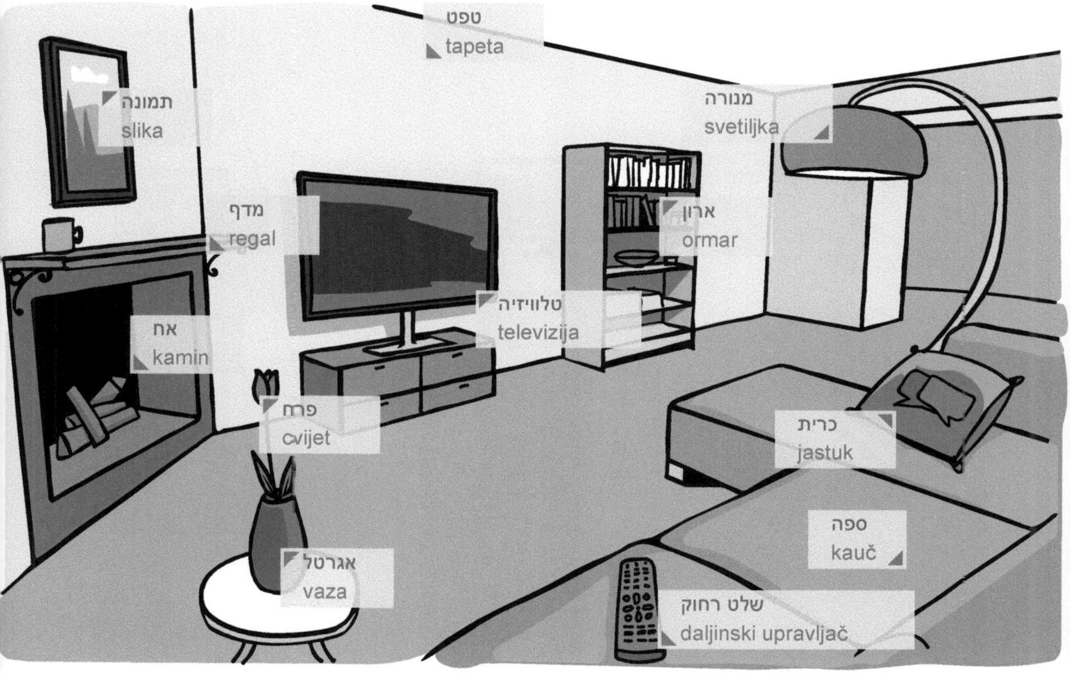

שטיח

tepih

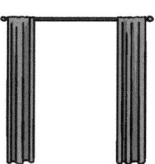

וילון

zavesa

שולחן

sto

כסא

stolica

כיסא נדנדה

stolica za njihanje

כורסה

fotelja

ספר

knjiga

שמיכה

deka

דקורציה

dekoracija

עצי הסקה

drvo za ogrev

סרט

film

מערכת סטריאו

hi-fi uređaj

מפתח

ključ

עיתון

novine

ציור

slika na platnu

פוסטר

poster

רדיו

radio

מחברת

blok za pisanje

שואב אבק

usisivač

קקטוס

kaktus

נר

sveća

מטבח
kuhinja

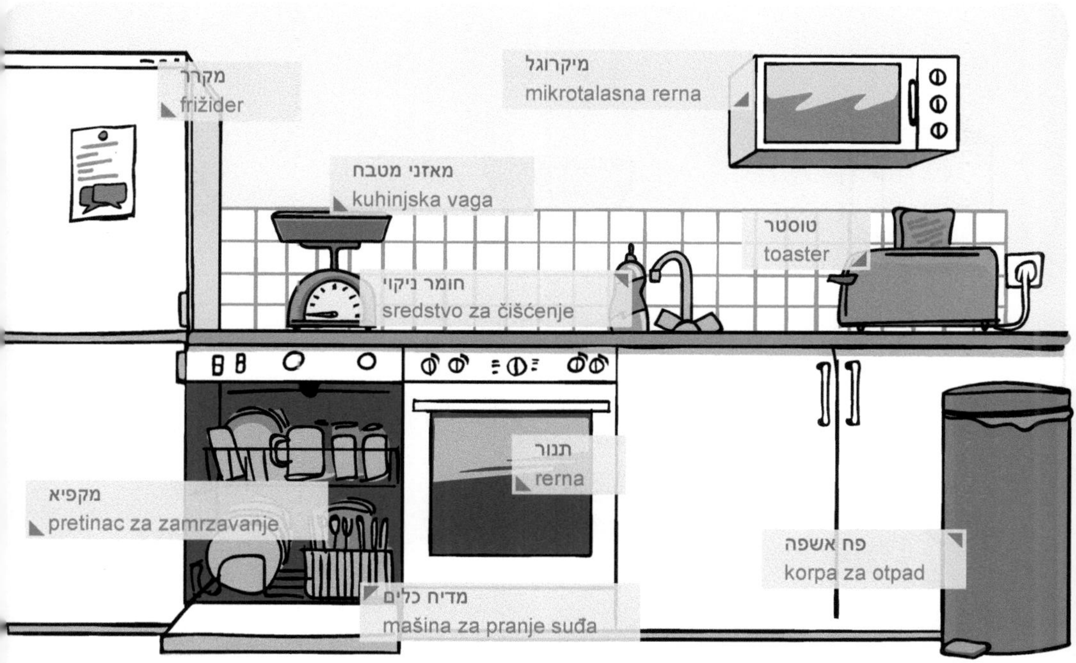
מקרר
frižider
מיקרוגל
mikrotalasna rerna
מאזני מטבח
kuhinjska vaga
טוסטר
toaster
חומר ניקוי
sredstvo za čišćenje
תנור
rerna
מקפיא
pretinac za zamrzavanje
פח אשפה
korpa za otpad
מדיח כלים
mašina za pranje suđa

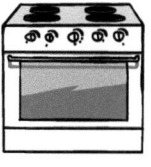

תנור

šporet

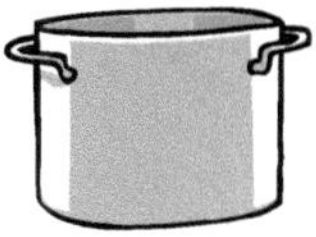

סיר

lonac

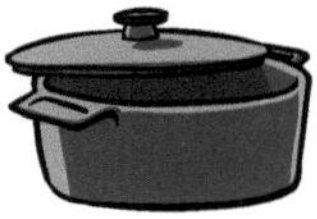

סיר ברזל

gvozdeni lonac

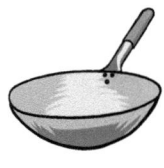

ווק

wok / kadai

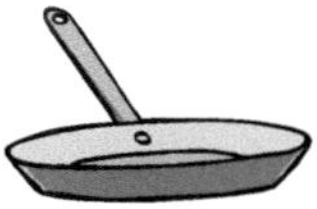

מחבת

tava

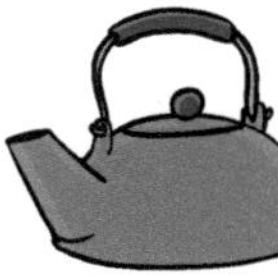

קומקום חשמלי

kuvalo za vodu

מאדה

kuvalo na paru

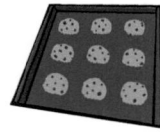

מגש אפייה

lim za pečenje

כלי אוכל

posuđe

ספל

čaša

קערה

posuda

צ'ופסטיקס

štapići za jelo

מצקת

kutlača

מרית

lopatica

מטרפה

penjača

מסננת בישול

sito za kuvanje

מסננת

sito

מגרדת

ribež

מכתש

mužar

גריל

roštilj

מדורה

ognjište

קרש חיתוך

daska

מערוך

oklagija

פותחן פקקים

vadičep

פחית

konzerva

פותחן קופסאות

otvarač konzervi

מטלית

krpa za lonac

כיור

sudoper

מברשת

četka

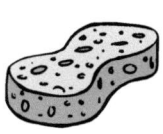

ספוג

sunđer

בלנדר

mikser

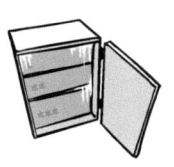

מקפיא

zamrzivač

בקבוק לתינוק

flašica za bebe

ברז

slavina za vodu

חדר אמבטיה
kupaonica

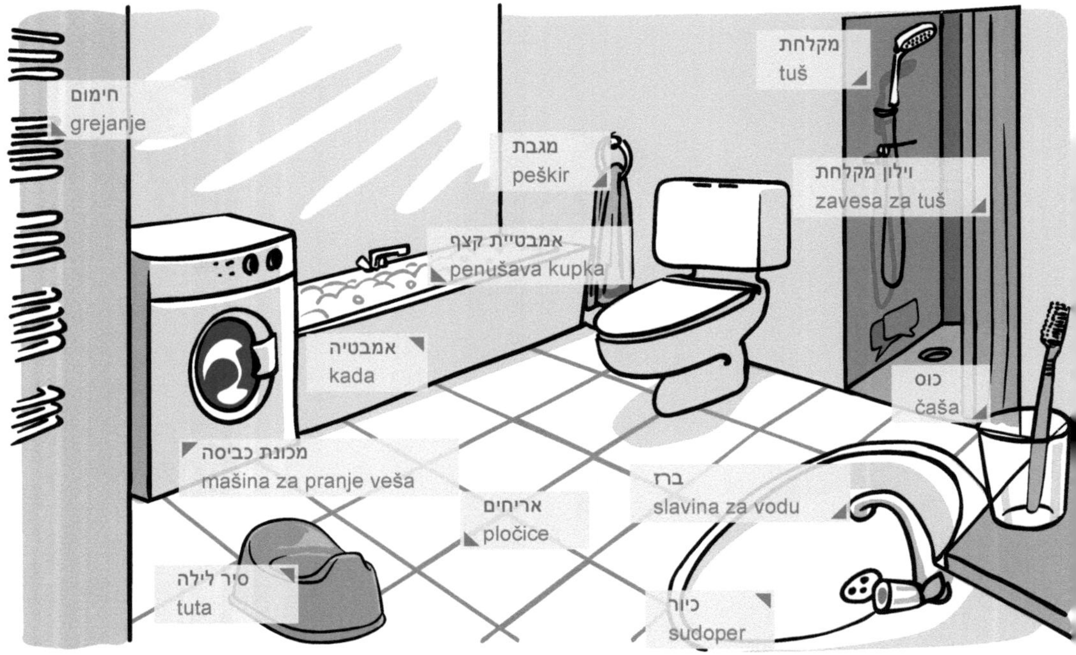

מקלחת
tuš
חימום
grejanje
מגבת
peškir
וילון מקלחת
zavesa za tuš
אמבטיית קצף
penušava kupka
אמבטיה
kada
כוס
čaša
מכונת כביסה
mašina za pranje veša
ברז
slavina za vodu
אריחים
pločice
סיר לילה
tuta
כיור
sudoper

אסלה
toalet

אסלת כריעה
čučavac

בידה
bidet

משתנה
pisoar

נייר טואלט
toaletni papir

מברשת אסלה
četka za toalet

מברשת שיניים

četkica za zube

משחת שיניים

pasta za zube

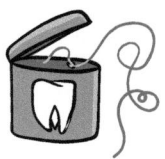

חוט דנטלי

konac za zube

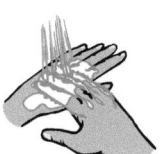

שטף

prati

מקלחת יד

tuš ručica

צינור שטיפה לשירותים

tuš za pranje intimnih delova

קערת רחצה

lavor

מברשת גב

četka za pranje leđa

סבון

sapun

ג'ל רחצה

gel za tuširanje

שמפו

šampon

ליפה

krpa za pranje

ניקוז

odvod

קרם

krema

דיאודורנט

dezodorans

מראה

ogledalo

מראת יד

kozmetičko ogledalo

סכין גילוח

brijač

קצף גילוח

pena za brijanje

אפטרשייב

losion za posle brijanja

מסרק

češalj

מברשת

četka

מייבש שיעור

fen za kosu

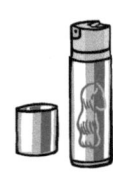

ספריי לשיער

sprej za kosu

איפור

makeup

שפתון

ruž za usne

לק

lak za nokte

צמר גפן

vata

מספריים לציפורניים

makaze za nokte

בושם

parfem

תיק כלי רחצה

kozmetička torbica

שרפרף

stolica

משקל

vaga

חלוק רחצה

ogrtač

כפפות גומי

rukavice za čišćenje

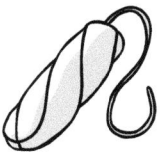

טמפון

tampon

תחבושת סניטרית

uložak

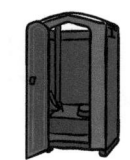

שירותים כימיקליים

hemijski toalet

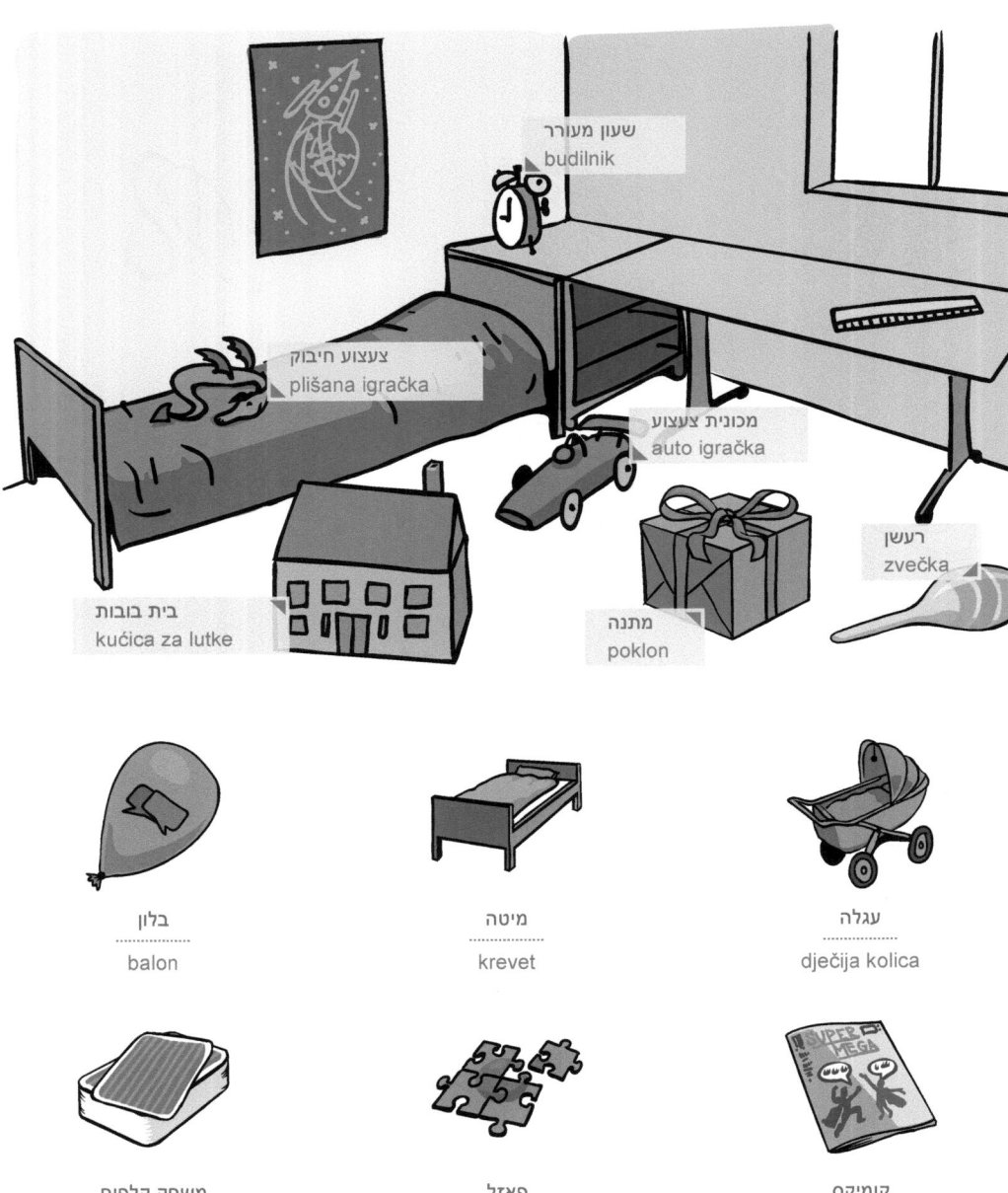

חדר ילדים

dečija soba

שעון מעורר
budilnik
צעצוע חיבוק
plišana igračka
מכונית צעצוע
auto igračka
רעשן
zvečka
בית בובות
kućica za lutke
מתנה
poklon

בלון

balon

מיטה

krevet

עגלה

dječija kolica

משחק קלפים

igra s kartama

פאזל

slagalica

קומיקס

strip

לגו

lego kockice

קוביות משחק

kockice za slaganje

דמות משחק

akcioni junak

סרבל תינוקות

benkica za bebe

פריזבי

frizbi

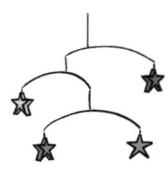

נייד

viseće igračke

משחק לוח

društvene igre

קוביה

kocka

רכבת צעצוע

minijaturna željeznica

מוצץ

duda

מסיבה

zabava

אלבום תמונות

slikovnica

כדור

lopta

בובה

lutka

שיחק

igrati

ארגז חול

pješčanik

נדנדה

ljuljačka

צעצועים

igračka

קונסולת משחקים

konzola za igre

אופניים תלת גלגלי

tricikl

דובון

tedi

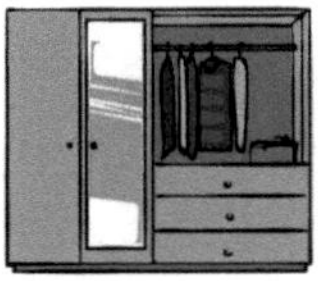

ארון בגדים

ormar

בגדים

odeća

גרביים

kratke čarape

גרביונים

čarape

גרביון

hulahopke

צעיף
šal

חגורה
kaiš

מטריה
kišobran

חולצת טי
majica

מגפיים
čizme

נעלי בית
papuče

נעלי ספורט
patike

סנדלים	נעליים	מגפי גומי
sandale	cipele	gumene čizme

תחתונים	חזייה	וסט
gaćice	grudnjak	potkošulja

גוף
bodi

מכנסיים
pantalone

ג'ינס
farmerke

חצאית
suknja

חולצה מכופתרת
bluza

חולצה
košulja

אפודה
džemper

סווצ'ר עם קפוצ'ון
džemper s kapuljačom

בלייזר
sako

ז'קט
jakna

מעיל
kaput

מעיל גשם
kabanica

תלבושת
kostim

שמלה
haljina

שמלת כלה
venčanica

חליפה
odelo

כותונת לילה
spavaćica

פיג'מה
pidžama

סארי
sari

מטפחת ראש
marama za glavu

טורבן
turban

בורקה
burka

קאפטן
kaftan

עבאיה
abaja

בגד ים
kupaći kostim

בגד ים
kupaće gaćice

מכנסיים קצרים
kratke pantalone

בגד אימון
odeća za trening

סינר
kecelja

כפפות
rukavice

כפתור

dugme

משקפיים

naočare

צמיד יד

narukvica

שרשרת

ogrlica

טבעת

prsten

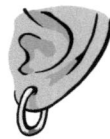

עגיל

naušnica

כובע

kapa

קולב

vešalica

כובע

šešir

עניבה

kravata

רוכסן

patent zatvarač

קסדה

kaciga

כתפיות

naramenice

תלבושת בית ספר

školska uniforma

מדים

uniforma

מפית אוכל

podbradak

מוצץ

duda

חיתול

pelena

משרד
kancelarija

שרת
server
תיקייה
ormar za spise
מדפסת
štampač
נייר
papir
מסך
monitor
שולחן עבודה
pisaći stol
עכבר
miš
תיק
mapa
מקלדת
tastatura
סל נייר
košara za papir
מחשב
kompjuter
כסא
stolica

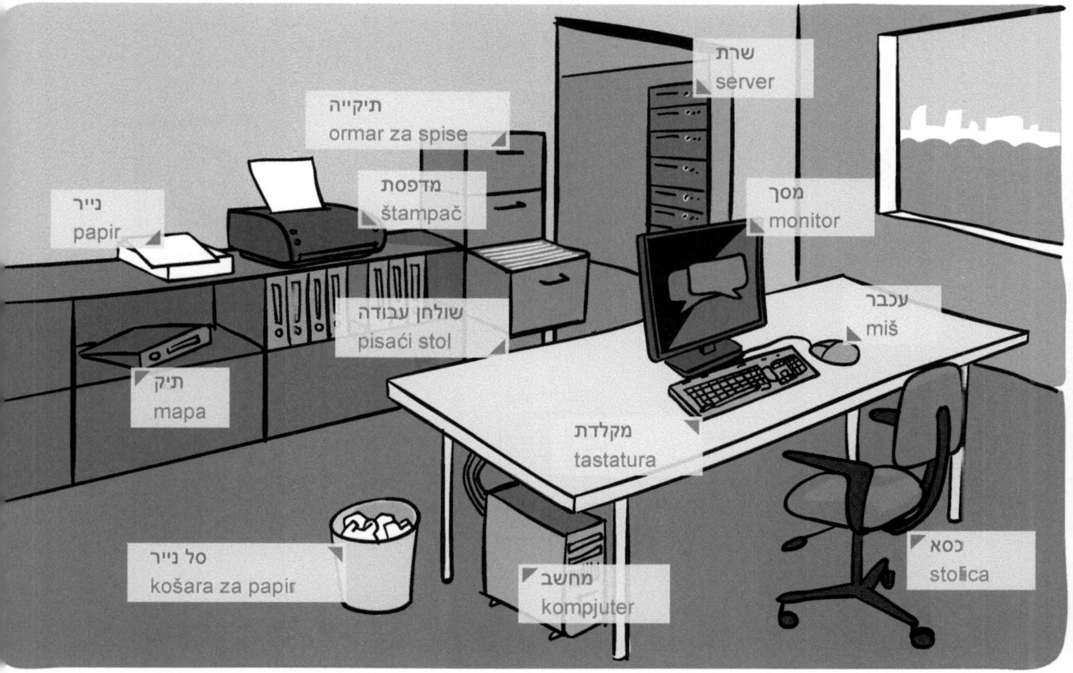

ספל קפה

šalica za kavu

מחשבון

kalkulator

אינטרנט

internet

מחשב נייד

laptop

מכתב

pismo

הודעה

poruka

נייד

mobilni telefon

רשת

mreža

מכונת צילום

uređaj za kopiranje

תוכנה

softver

טלפון

telefon

שקע

utičnica

פקס

faks

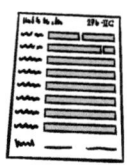

טופס

formular

מסמך

dokument

קנה

kupovati

שילם

platiti

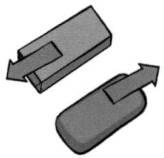

סחר

trgovati

כסף

novac

USD

דולר

dolar

EUR

יורו

evro

JPY

ין

jen

RUB

רובל

rublja

CHF

פרנק שווייצרי

švajcarski franak

יואן רנמינבי

renmindbi juan

INR

רופי

rupija

כספומט

automat za novac

המרת מטבע

menjačnica

זהב

zlato

כסף

srebro

נפט

nafta

אנרגיה

energija

מחיר

cena

חוזה

ugovor

מס

porez

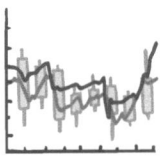

מנייה

deonica

עבד

raditi

עובד

službenik

מעסיק

poslodavac

מפעל

fabrika

חנות

prodavnica

מקצועות

zanimanja

שוטר
policajac
כבאי
vatrogasac
טבח
kuvar
רופא
lekar
טייס
pilot

גנן

vrtlar

נגר

stolar

תופרת

krojačica

שופט

sudija

כימאי

hemičar

שחקן

glumac

נהג אוטובוס

vozač autobusa

נהג מונית

vozač taksija

דייג

ribar

עובדת נקיון

čistačica

מתקן גגות

krovopokrivač

מלצר

konobar

צייד

lovac

צייר

slikar

אופה

pekar

חשמלאי

električar

עובד בניין

građevinski radnik

מהנדס

inženjer

קצב

mesar

אינסטלטור

limar

דוור

poštar

חייל

vojnik

אדריכל

arhitekta

קופאי

blagajnik

מוכר פרחים

cvećar

ספר

frizer

כרטיסן

kondukter

מכונאי

mehaničar

קברניט

kapetan

רופא שיניים

zubar

מדען

naučnik

רב

rabi

אימאם

imam

נזיר

monah

כומר

svećenik

כלי עבודה
alati

צבת
klešta
פטיש
čekić
מברג
odvijač
פנס
džepna lampa
מפתח ברגים
ključ za zavrtnje

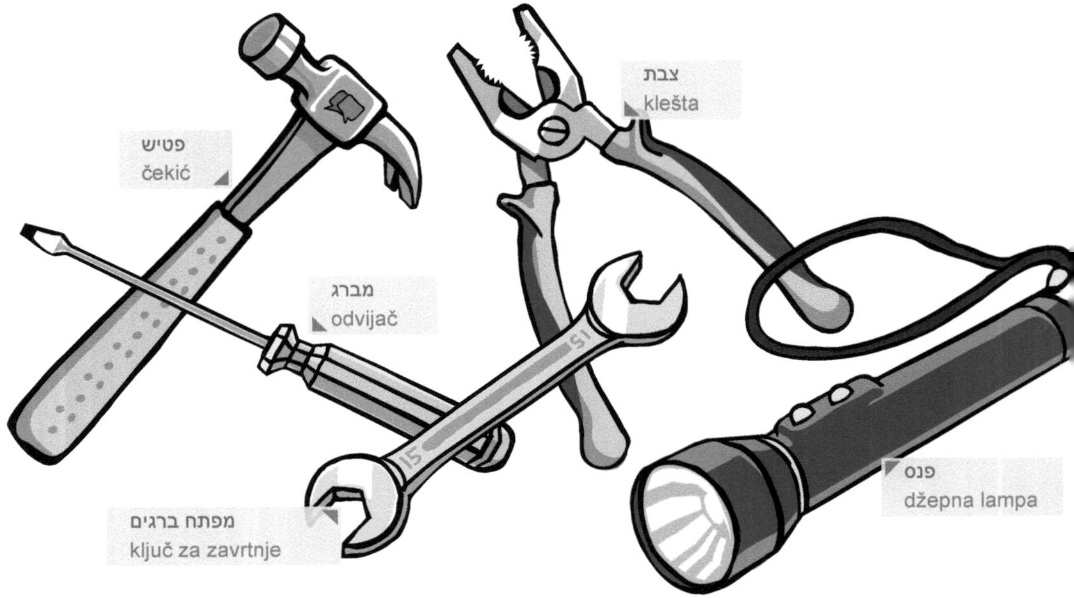

דחפור

bager

ארגז כלים

kutija za alat

סולם

merdevine

מסור

pila

מסמרים

ekser

מקדחה

bušilica

תיקן

popraviti

את חפירה

lopata

לעזאזל!

do đavola!

יעה

lopatica

פח צבע

lonac za boju

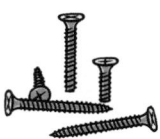

ברגים

zavrtanji

כלי נגינה
muzički instrument

רמקול
zvučnik
מערכת תופים
bubnjevi
גיטרה
gitara
קונטראבס
kontrabas
חצוצרה
truba

פסנתר

klavir

כינור

violina

בס

bas

תוף הדוד

timpani

תופים

udaraljke za bubnjeve

מקלדת פסנתר

tipke klavira

סקסופון

saksofon

חליל

flauta

מיקרופון

mikrofon

גן חיות

zoološki vrt

כניסה
ulaz
נמר
tigar
כלוב
kavez
זברה
zebra
מזון לחיות
hrana za životinje
פנדה
panda

בעלי חיים

životinje

פיל

slon

קנגרו

kengur

קרנף

nosorog

גורילה

gorila

דוב

medved

גמל
kamila

יען
noj

אריה
lav

קוף
majmun

פלמינגו
flamingo

תוכי
papagaj

דוב הקרח
polarni medved

פינגווין
pingvin

כריש
ajkula

טווס
paun

נחש
zmija

תנין
krokodil

שומר גן החיות
čuvar u zoološkom vrtu

כלב ים
tuljan

יגואר
jaguar

סוס פוני

poni

לאופרד

leopard

היפופוטאם

nilski konj

ג'ירפה

žirafa

נשר

orao

חזיר בר

divlja svinja

דג

riba

צב

kornjača

סוס ים

morž

שועל

lisica

איילה

gazela

ספורט

sport

פוטבול אמריקאי
američki nogomet
רכיבת אופניים
biciklizam
טניס
tenis
כדורסל
košarka
שחיה
plivanje
הוקי
hokej na ledu
אגרוף
boks

כדורגל

fudbal

בדמינטון

badminton

אתלטיקה

atletika

כדור-יד

rukomet

עשה סקי

skijanje

פולו

polo

פעילויות
aktivnosti

קפץ
skočiti
חיבק
zagrliti
צחק
smejati se
הלך
ići
שר
pevati
חלם
sanjati
התפלל
moliti se
נשק
poljubiti

כתב
pisati

צייר
crtati

הראה
pokazati

דחף
gurati

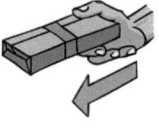

נתן
dati

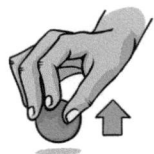

לקח
uzeti

יש / להיות הבעלים

imati

עשה

činiti

היה

biti

עמד

stojati

רץ

trčati

משך

povlačiti

זרק

baciti

נפל

padati

שכב

ležati

חיכה

čekati

סחב

nositi

ישב

sediti

התלבש

oblačiti

ישן

spavati

התעורר

probuditi se

הסתכל ב-

gledati

בכה

plakati

ליטף

milovati

סירק

češljati

דיבר

govoriti

הבין

razumeti

שאל

pitati

שמע

slušati

שתה

piti

אכל

jesti

סידר

pospremiti

אהב

voleti

בישל

kuhati

נהג

voziti

עף

leteti

שט

ploviti

חישב

računati

קרא

čitati

למד

učiti

עבד

raditi

התחתן

venčati se

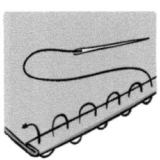

תפר

šiti

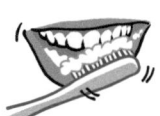

ציחצח שיניים

prati zube

הרג

ubiti

עישן

pušiti

שלח

poslati

משפחה
porodica

סבתא
baka
סבא
deda
אבא
otac
אימא
majka
תינוק
beba
בת
kćerka
בן
sin

אורח

gost

דודה

tetka

דוד

ujak, stric

אח

brat

אחות

sestra

גוף

telo

מצח
čelo
עין
oko
פנים
lice
סנטר
brada
חזה
grudi
אצבע
prst
כף יד
ruka
זרוע
ruka
כתף
rame
רגל
noga

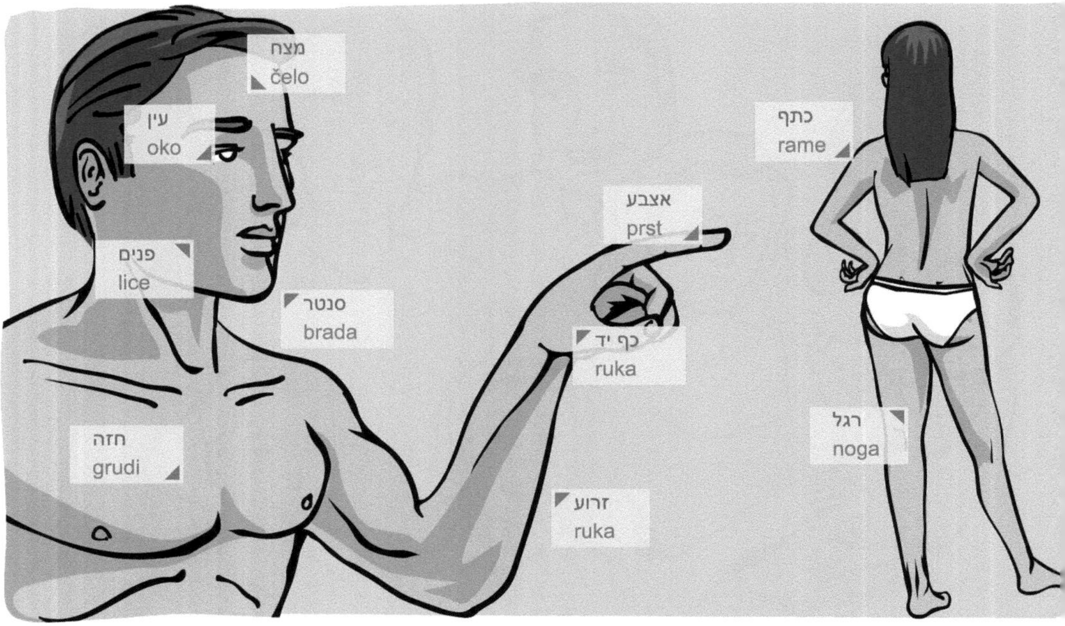

תינוק

beba

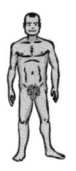

איש

muškarac

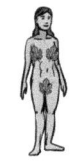

אישה

žena

ילדה

devojčica

ילד

dečak

ראש

glava

גב

leđa

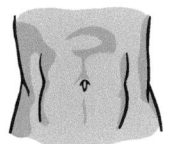

בטן

stomak

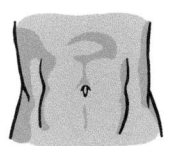

טבור

pupak

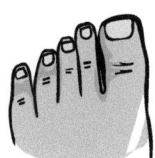

אצבע

nožni prst

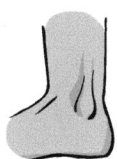

עקב

peta

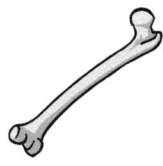

עצם

kost

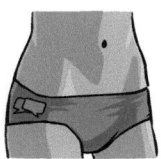

ירך

kukovi

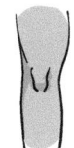

ברך

koleno

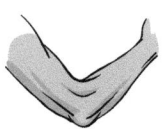

מרפק

lakat

אף

nos

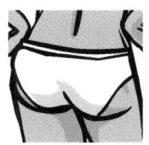

עכוז

zadnjica

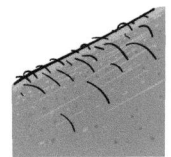

עור

koža

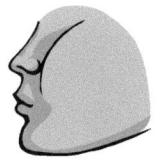

לחי

obraz

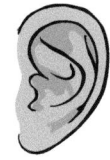

אוזן

uvo

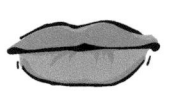

שפתיים

usna

פה

usta

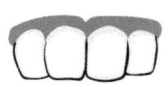

שן

zub

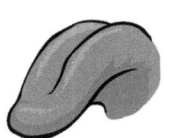

לשון

jezik

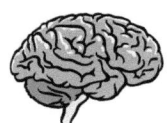

מוח

mozak

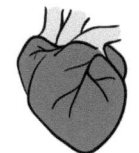

לב

srce

שריר

mišić

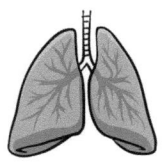

ריאה

pluća

כבד

jetra

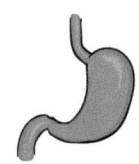

קיבה

želudac

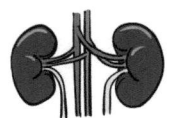

כליות

bubrezi

מין

polni odnos

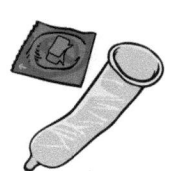

קונדום

kondom

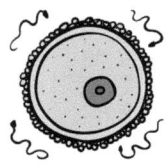

ביצית

jajna ćelija

זרע

sperma

הריון

trudnoća

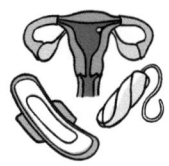

ווסת

menstruacija

נרתיק

vagina

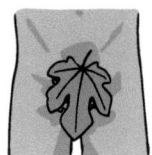

פין

penis

גבה

obrva

שיער

kosa

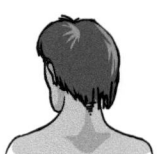

צוואר

vrat

בית חולים
bolnica

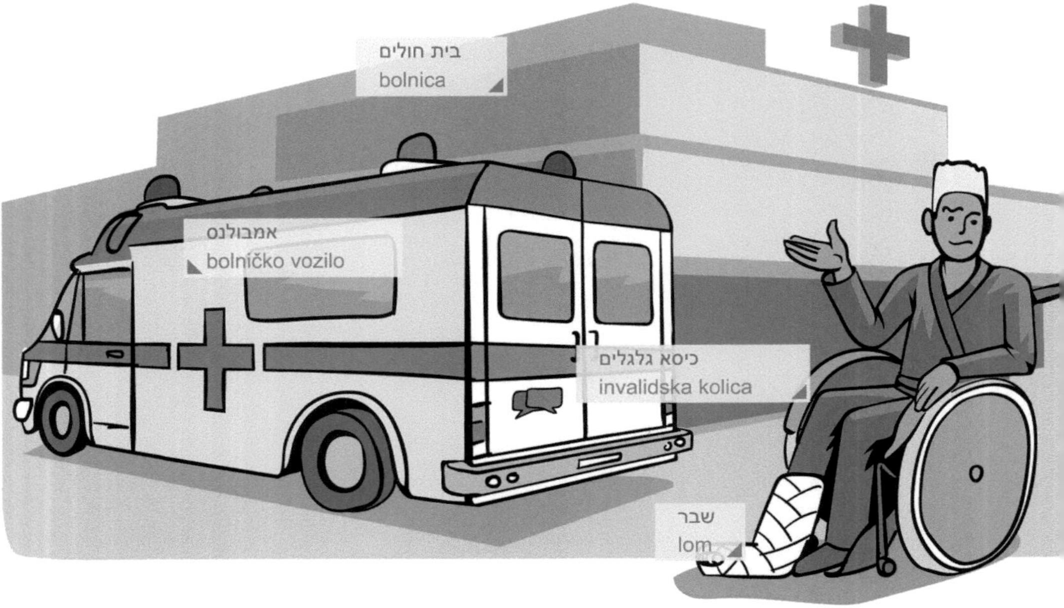

בית חולים
bolnica
אמבולנס
bolničko vozilo
כיסא גלגלים
invalidska kolica
שבר
lom

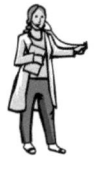

רופא

lekar

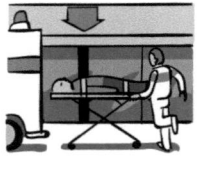

חדר מיון

hitna medicinska služba

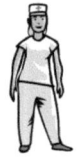

אחות

medicinska sestra

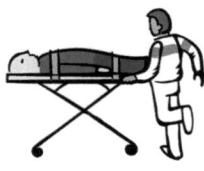

חירום

hitni slučaj

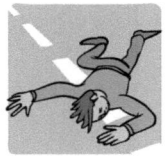

חסר הכרה

nesvest

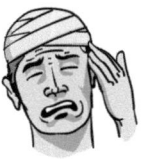

כאב

bol

פציעה

povreda

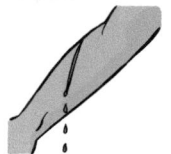

דימום

krvarenje

התקף לב

srčani udar

שבץ

udar

אלרגיה

alergija

שיעול

kašalj

חום

groznica

שפעת

gripa

שלשול

proliv

כאב ראש

glavobolja

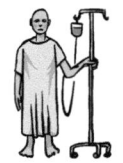

סרטן

rak

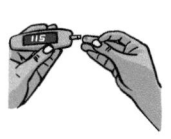

סוכרת

dijabetes

מנתח

hirurg

אזמל

skalpel

ניתוח

operacija

סי-טי

ct

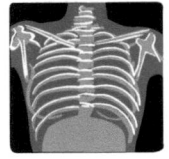

רנטגן

rentgen

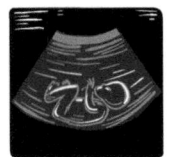

אולטרסאונד

ultrazvuk

מסיכת פנים

maska

מחלה

bolest

חדר המתנה

čekaona

קבה

štaka

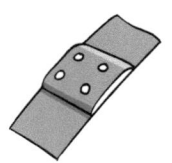

פלסטר

flaster

תחבושת

zavoj

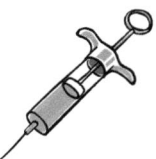

זריקה

injekcija

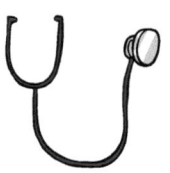

סטטוסקופ

stetoskop

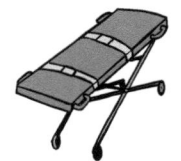

אלונקה

nosila

מד חום

termometar

לידה

rođenje

עודף משקל

prekomerna težina

מכשיר שמיעה

slušni aparat

מחטא

sredstvo za dezinfekciju

זיהום

infekcija

נגיף

virus

איידס

HIV / AIDS

תרופה

medicina

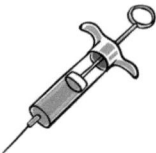

חיסון

vakcinacija

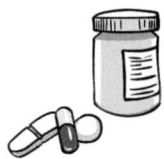

טבליות

tablete

גלולה

pilula

קריאת חירום

hitni poziv

מד לחץ דם

uređaj za merenje pritiska

חולה / בריא

bolesno / zdravo

חירום
hitni slučaj

הצילו!
pomoć!

אזעקה
alarm

פשיטה
nasrtaj

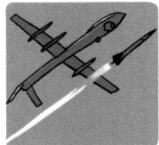

תקיפה
napad

סכנה
opasnost

יציאת חירום
izlaz u slučaju nužde

אש!
požar!

מטף כיבוי
protivpožarni aparat

תאונה
nezgoda

ערכת עזרה ראשונה
kutija prve pomoći

הצילו!
sos

משטרה
policija

כדור הארץ
zemlja

אירופה

....

Evropa

צפון אמריקה

....

Severna Amerika

דרום אמריקה

....

Južna Amerika

אפריקה

....

Afrika

אסיה

....

Azija

אוסטרליה

....

Australija

האוקיינוס האטלנטי

....

Atlantik

האוקיינוס השקט

....

Pacifik

האוקיינוס ההודי

....

Indijski okean

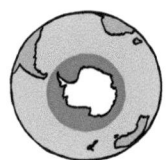

האוקיינוס האנטרקטי

....

Antarktički okean

האוקיינוס הארקטי

....

Arktički ocean

הקוטב הצפוני

....

Severni pol

כדור הארץ

zemlja

אנטארקטיקה

Antarktik

הקוטב הדרומי

Južni pol

אי

otok

ים

more

אדמה

zemlja

מדינה

država

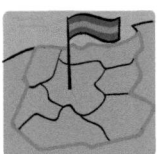

לאום

nacija

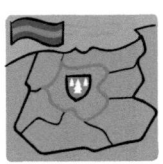

שעון
sat

פני השעון

brojčanik sata

מחוג השעות

satna kazaljka

מחוג הדקות

minutna kazaljka

מחוג השניות

sekundna kazaljka

?מה השעה

Koliko je sati?

יום

dan

זמן

vreme

עכשיו

sada

שעון דיגיטלי

digitalni sat

דקה

minuta

שעה

čas

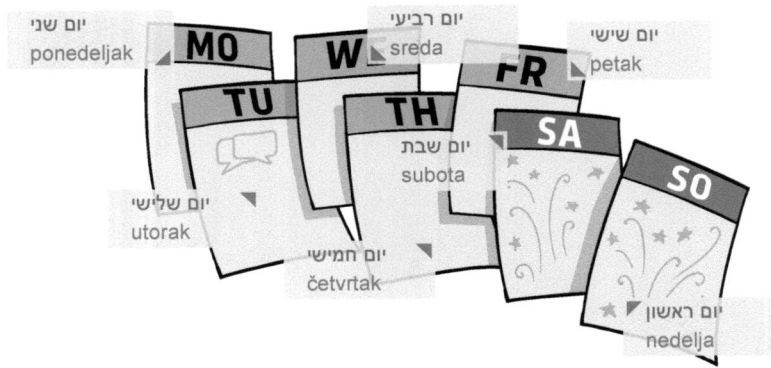

שבוע
sedmica

יום שני
ponedeljak
יום שלישי
utorak
יום רביעי
sreda
יום חמישי
četvrtak
יום שישי
petak
יום שבת
subota
יום ראשון
nedelja

אתמול
juče

היום
danas

מחר
sutra

בוקר
jutro

צהריים
podne

ערב
veče

ימי עבודה
radni dani

סוף שבוע
vikend

שנה

godina

גשם
kiša
קשת בענן
duga
רוח
vetar
שלג
sneg
אביב
proleće
סתיו
jesen
קיץ
leto
חורף
zima

4.APRIL 11°
5.APRIL 4°
6.APRIL 13°
7.APRIL 8°
8.APRIL 10°

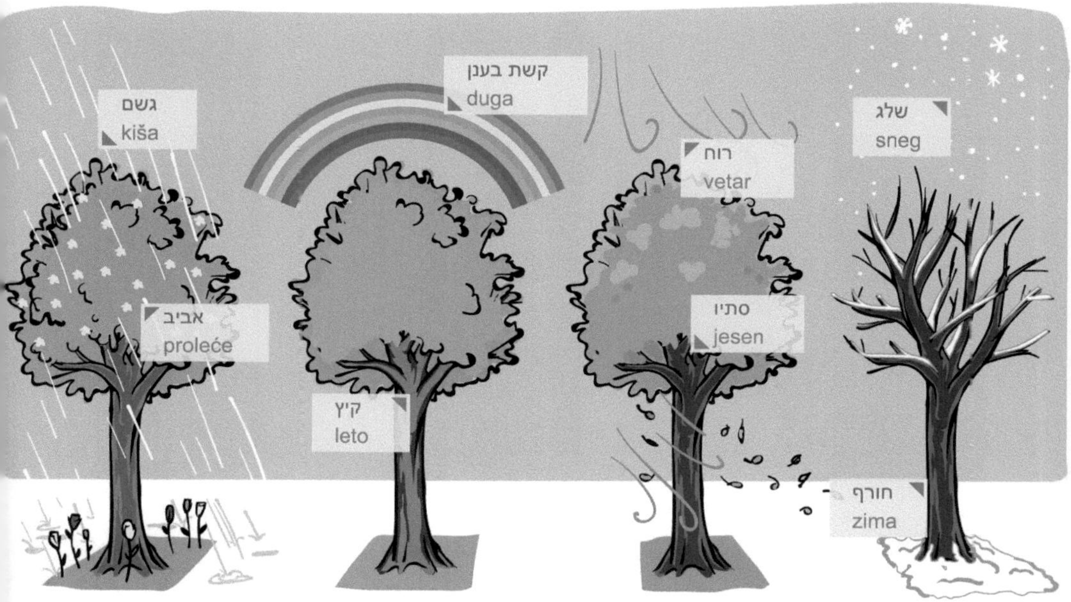

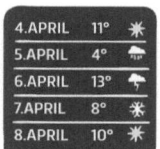

תחזית מזג האוויר

meteorološka prognoza

F C
120 40
90 30
60 20
30 10
0 0
-30 -10
-20

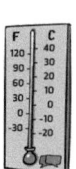

מד חום

termometar

אור שמש

sunčana svetlost

ענן

oblak

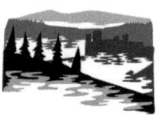

ערפל

magla

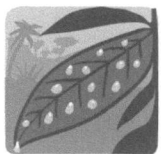

לחות

vlažnost vazduha

ברק
munja

רעם
grmljavina

סערה
oluja

ברד
tuča

רוח עונתי
monsun

שיטפון
poplava

קרח
led

ינואר
januar

פברואר
februar

מרץ
mart

אפריל
april

מאי
maj

יוני
juni

יולי
juli

אוגוסט
avgust

שנה - godina

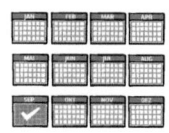

ספטמבר
....
septembar

אוקטובר
....
oktobar

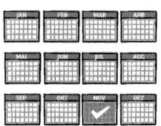

נובמבר
....
novembar

דצמבר
....
decembar

צורות
oblici

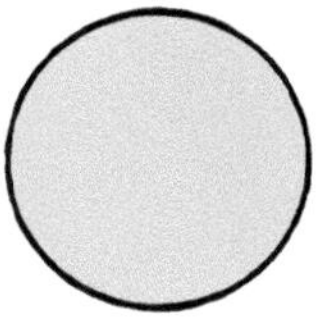

עיגול
....
krug

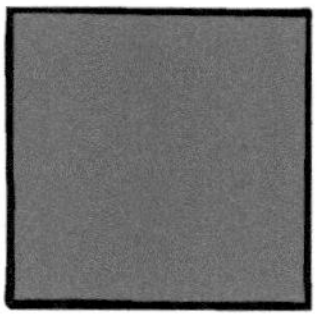

מרובע
....
kvadrat

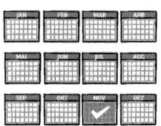

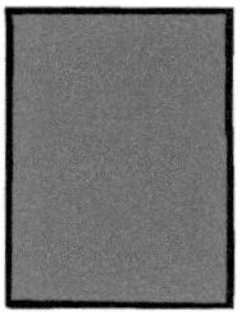

מלבן
....
pravougao

משולש
....
trougao

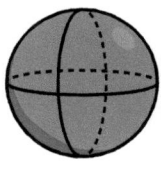

כדור
....
kugla

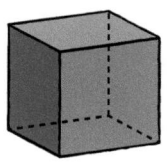

קובייה
....
kocka

צבעים
boje

לבן

bela

צהוב

žuta

כתום

narandžasta

ורוד

ružičasta

אדום

crvena

סגול

ljubičasta

כחול

plava

ירוק

zelena

חום

smeđa

אפור

siva

שחור

crna

הפכים

suprotnosti

הרבה / מעט

mnogo / malo

כועס / רגוע

ljutito / mirno

יפה / מכוער

lepo / ružno

התחלה / סוף

početak / kraj

גדול / קטן

veliko / maleno

בהיר / כהה

svetlo / tamno

אח / אחות

brat / sestra

נקי / מלוכלך

čisto / prljavo

שלם / חלקי

potpuno / nepotpuno

יום /לילה

dan / noć

מת / חי

mrtvo / živo

רחב / צר

široko / usko

אכיל / לא אכיל

jestivo / nejestivo

רשע / טוב לב

zlo / dobro

מתרגש / משועמם

uzbuđeno / dosadno

שמן / רזה

debelo / mršavo

ראשון / אחרון

na početku / na kraju

חבר / אויב

prijatelj / neprijatelj

מלא / ריק

puno / prazno

קשה / רך

tvrdo / mekano

כבד / קל

teško / lagano

רעב / צמא

glad / žeđ

חולה / בריא

bolesno / zdravo

בלתי-חוקי / חוקי

ilegalno / legalno

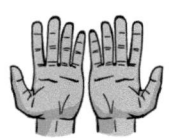

נבון / טיפש

pametno / glupo

שמאל / ימין

levo / desno

קרוב / רחוק

blizu / daleko

חדש / משומש

novo / polovno

כלום / משהו

ništa / nešto

זקן / צעיר

staro / mlado

פעיל / כבוי

uključeno / isključeno

פתוח / סגור

otvoreno / zatvoreno

שקט / רועש

tiho / glasno

עשיר / עני

bogato / siromašno

נכון / שגוי

tačno / pogrešno

מחוספס / חלק

hrapavo / glatko

עצוב / שמח

tužno / sretno

קצר / ארוך

kratko / dugo

איטי / מהיר

polako / brzo

רטוב / יבש

mokro / suho

חם / קר

toplo / hladno

מלחמה / שלום

rat / mir

מספרים
brojevi

0	1	2
אפס	אחת	שתיים
nula	jedan	dva
3	4	5
שלוש	ארבע	חמש
tri	četiri	pet
6	7	8
שש	שבע	שמונה
šest	sedam	osam
9	10	11
תשע	עשר	אחת-עשרה
devet	deset	jedanaest

12

שתים-עשרה

dvanaest

13

שלוש-עשרה

trinaest

14

ארבע-עשרה

četrnaest

15

חמש-עשרה

petnaest

16

שש-עשרה

šestnaest

17

שבע-עשרה

sedamnaest

18

שמונה-עשרה

osamnaest

19

תשע-עשרה

devetnaest

20

עשרים

dvadeset

100

מאה

stotinu

1.000

אלף

hiljadu

1.000.000

מיליון

milion

שפות
jezici

אנגלית

engleski

אנגלית אמריקאית

američki engleski

סינית מנדרינית

mandarinski kineski

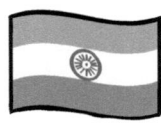

הודית

hindski

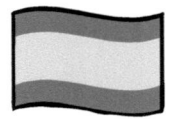

ספרדית

španski

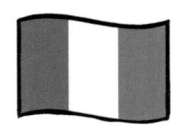

צרפתית

francuski

ערבית

arapski

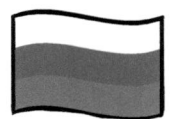

רוסית

ruski

פורטוגזית

portugalski

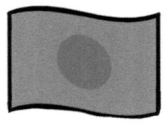

בנגלית

bengalski

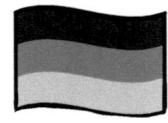

גרמנית

nemački

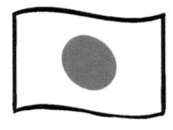

יפנית

japanski

מי / מה / איך
ko / šta / kako

אני

ja

אתה / את

ti

הוא / היא / זה

on / ona / ono

אנחנו

mi

אתם

vi

הם

oni

מי?

Ko?

מה?

Šta?

איך?

Kako?

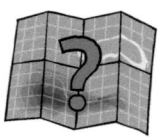

איפה?

Gde?

מתי?

Kada?

שם

ime

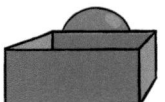

איפה
gde

מאחור

iza

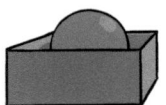

בתוך

u

לפני

ispred

מעל

preko

על

na

מתחת

ispod

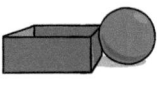

ליד

pored

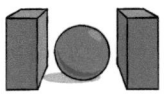

בין

između

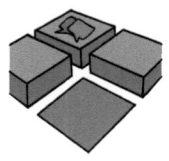

מקום

mesto